QUELQUES NOTES

SUR

L'IMPORTANCE COMMERCIALE

DES

COLONIES FRANÇAISES,

Par M. Huc,

CONSEILLER COLONIAL DE LA MARTINIQUE.

———————

PARIS,

BUREAU DU GLOBE,

17, RUE SAINT-PIERRE-MONTMARTRE.

————

1841

QUELQUES NOTES

SUR

L'IMPORTANCE COMMERCIALE

DES

COLONIES FRANÇAISES,

Par M. Huc,

CONSEILLER COLONIAL DE LA MARTINIQUE.

PARIS,

BUREAU DU GLOBE,

17, RUE SAINT-PIERRE-MONTMARTRE.

1841

On se tromperait étrangement si l'on imaginait que la proposition faite à la dernière session du Conseil colonial de la Martinique, touchant le mode à établir pour les déclarations d'entrée des navires métropolitains, était le fruit d'une pensée fiscale.

Les vues de son auteur tenaient à un ordre d'idées plus élevées. Il cherchait évidemment les moyens d'apprécier, le plus exactement possible, l'importance que peuvent avoir conservée les rapports commerciaux de la France avec les débris de colonies qui lui restent.

En indiquant son but, notre collègue M. Brafin savait qu'il éveillerait l'émulation autour de lui et que chacun de nous s'empresserait de le seconder.

J'ignore ce que les autres ont fait. Pour ma part, je n'ai encore obtenu que des ébauches; mais convaincu, tout d'abord, de l'impossibilité absolue d'arriver par la voie des douanes, à la fixation du chiffre réel des importations métropolitaines, et dès-lors, de déterminer positivement, par ce moyen, le degré d'importance commerciale des colonies, je me suis livré à des comparaisons entre les résultats *déclarés* de la France avec ses colonies et les résultats déclarés de ses rapports avec toutes les autres contrées qu'abordent ses navires.

En réunissant les éléments de ces comparaisons, j'ai recueilli les notes qui suivent et que, tout imparfaites qu'elles sont, je n'ai pas cru devoir laisser sous le boisseau.

I

Le mouvement commercial de la France, en 1859, a été, savoir :

Pour le commerce de mer de	1,415,000,000
Pour le commerce de terre de	557,000,000
	1,950,000,000

Ainsi le commerce de mer est à celui de terre comme 72. 4. est à 27. 6, ou presque comme 5 est à 1. *

* *Résumé analytique du tableau général du commerce de la France,* tab. III, page 20.

Il y a lieu de croire que ce fait est complètement ignoré des promoteurs de ce que l'on est convenu de préconiser sous le nom de politique de concentration, puisqu'ils veulent que la France renonce à ses colonies, à sa marine, pour rester puissance continentale et perdre ainsi les trois quarts de son commerce national.

II

Dans les **72. 4.** du commerce, par mer, les navires français n'ont, jusqu'à présent, que les . . . **55-1**

Lorsque les navires étrangers en ont les . **57-5**

72-4

C'est-à-dire que les armateurs français manquent à gagner plus de la moitié du frêt de toutes les marchandises importées ou exportées.

En supposant que la moyenne générale du frêt ne soit que de **9** pour cent des valeurs transportées, cette perte serait au moins de **74,000,000** de francs.

Elle ne s'arrête pas là : pendant que d'un côté les armateurs sont privés du gain de **74,000,000**, de l'autre, les négociants paient une somme égale au pavillon étranger.

La différence pour le commerce national est donc de **148,000,000** : différence énorme, fruit de l'obstination de ceux qui dominent les conseils de la France, à ne pas comprendre l'intérêt attaché au développement entier de ses forces maritimes.

III

Dans la navigation par navires français, en 1859, la part des colonies a été de 24 pour cent, lorsque, en 1825, elle était de 29 pour cent, et qu'en 1858, elle était encore de 25 ou du quart de tout ce commerce métropolitain.

Cette diminution de 4 pour cent, dans un an, en a produit une de 9 pour cent, aux exportations métro-politaines, sur les 55. 4 qui leur appartiennent dans le mouvement commercial par mer *.

Ainsi, en calculant sur cette chute accélérée, on peut croire que, lors même qu'un intervalle lucide per-mettrait de faire trève aux condescendances par les-quelles les abolitionistes obtiennent petit à petit. et cha-que jour, la destruction des colonies françaises, il suf-firait de laisser celles-ci sous l'influence du système op-

* *Résumé analytique*, page 21.

presséur qui les régit depuis quinze ans, pour que dans un temps, plus court de moitié, elles soient réduites commercialement à l'état de Saint-Barthélemy et de Tortole *.

Alors la part de la navigation française, au lieu d'être à l'égard de la navigation étrangère, comme 55 à 57, ne sera plus que comme 28 est à 44.

Cette proportion paraîtra sans doute encore trop considérable à l'amirauté anglaise et à ses adhérents, qui craindront toujours que l'apparition soudaine d'un Abraham Duquesne, d'un Jean-Bart ou d'un Duguay-Trouin, ne vienne rendre la vie à notre squelette de marine, en lui ramenant les sympathies de la nation.

Si avant ce miracle et par hasard, une pensée française présidait à l'appréciation de la situation actuelle, et qu'on voulût y porter remède, il faudrait, non-seulement ne plus faire un pas dans la voie suivie depuis quinze ans ; mais il faudrait faire volte-face et rétrograder ; *il en est temps encore :* rétrograder !!... le mot est dur pour les hommes du jour ; mais qui voudra sincèrement la fin devra vouloir les moyens, et comprendra que chaque pas en arrière dans la voie du mal est déjà un progrès remarquable vers le bien.

Un des premiers mouvements rétrogrades devrait

---

* On sait que ce sont deux îlots stériles et presque déserts, appartenant, le premier à la Suède, et le dernier à l'Angleterre.

être de faire disparaître la sucrerie de betterave qui rend impossible tout développement de la puissance coloniale et maritime de la France.

IV

La moyenne du mouvement commercial entre la France et ses colonies, étant d'un quart de tout son commerce de mer sous pavillon français, le chiffre peut en être dès-lors facilement déterminé.

Le commerce de mer, nous l'avons vu, s'élève à 1,415,000,000

Les 37. 5 qui se font sous pavillon étranger sont donc de 728,058,563

Reste pour les 55. 1 qui se font sous pavillon français. 684,968,457

Le quart de ce dernier chiffre est de. 171,242,109

Qui forme, à une très légère fraction près, le terme moyen entre 160 et 180 millions qu'indiquait notre collègue M. Brafin; d'où il faut conclure que ses assertions méritent attention et confiance.

V

Si, comme le veulent à la fois le bon sens, la raison et les conditions d'une saine politique, le *quantùm* du mouvement commercial détermine l'ordre d'importance des relations nationales et internationales, celles de la France seraient rangées comme suit :

Pays.	Mouvement commercial.
1. Les États-Unis.	303,000 000
2. L'Angleterre	258,000,000
3. Les colonies françaises. . .	174,000,000
4. Les États sardes.	167,000,000
5. La Suisse.	154,000,000
6. La Belgique	129,000,000
7. L'Espagne.	120,000,000
8. L'Allemagne entière. . . .	92,000,000
9. La Russie.	54,000,000
10. La Turquie	52,000,000
11. Les Pays-Bas.	47,000,000
12. La Toscane et les États romains.	40,000,000

. . . .

. . . .

19. L'Algérie. 28,000,000

. . . .

. . . .

. . . .

27. Haïti. 15,000,000

VI

Les Colonies françaises, sous le seul rapport du mouvement commercial, prendraient donc déjà le troisième rang d'importance dans les relations de la France; mais, si on veut les considérer du point de vue de la fixité et de la sécurité de ses relations, si on veut les estimer au taux de leurs produits au trésor national, le premier rang leur sera incontestablement assigné.

En effet :

Le commerce des colonies est le seul qui soit véritablement indépendant, pour la France, de toute influence, de toute concurrence étrangère.

C'est le seul qui, avec la volonté de la France d'avoir une marine et de revenir aux principes essentiellement constitutifs des établissements coloniaux, peut, non-seulement se maintenir, mais s'accroître, *en paix comme en guerre.*

L'expérience acquise pendant les périodes de 1690 à 1704, de 1744 à 1748, et de 1776 à 1785, ne laisse pas le moindre doute à cet égard.

Cette expérience n'est point rendue contestable par l'exemple de la période de 1792 à 1815 : dès le début de celle-ci, l'émigration, la guillotine, Toulon et Quiberon avaient, au-delà de toutes prévisions, accompli tous les vœux de l'Angleterre.

Quant au taux des versements coloniaux au trésor, on peut facilement l'établir :

Les droits perçus sur les 1,415 millions du commerce de mer s'élèvent à 79,000,000

Dans cette somme les colonies françaises seules figurent pour . . . . 50,561,992 c'est-à-dire pour près de moitié.

Ce fait paraîtra bien étrange à ceux qui n'ont formé leurs opinions, à l'endroit des colonies, que sur les déblatérations systématiques de deux ou trois députés de la France; mais ils n'en pourront plus douter quand ils verront à quelles sources ont été puisés les éléments du tableau ci-après.

TABLEAU *

Comparatif entre les importations des quatre premières contrées avec lesquelles les relations commerciales de la France sont établies, et les droits qu'elles produisent.

PROVENANCE.	IMPORTATIONS.	DROITS PERÇUS.	PROPORTIONS
Les États-Unis. . .	99,206,308	9,000,056	9 p.⁰
Angleterre.	95,251,011	8,303,191	8 ½ p.⁰
Colonies françaises.	85,460,963	30,561,992	36 ½ p.⁰
Les États sardés. .	106,087,894	8,595,899	7 ½ p.⁰
Les États-Unis. . .	9,000,056 sur	99,206,308	
Angleterre.	8,303,191 sur	95,251,011	
Les États sardes. .	8,595,899 sur	106,087,894	
	25,899,146 sur	300,545,213	
Colonies françaises.	30,561,992 sur	85,460,963	

* Extrait du tableau général du commerce de la France, pages 6 et 7 (année 18

On voit que sur 500,545,215 francs d'importations, des trois contrées avec lesquelles la France a les relations commerciales les plus étendues, son trésor ne reçoit que 25,899,146 francs de droits, tandis que sur 85,460,965 francs d'importations de ses colonies, elle perçoit 50,564,992 francs !

Si les intérêts du trésor national sont de quelque poids dans les conseils de la France, on conclura logiquement qu'il vaudrait mieux, pour elle, perdre ses relations avec les États-Unis, l'Angleterre et les États sardes que de perdre celles qui existent avec ses colonies.

En pénétrant plus avant dans l'application de ce raisonnement aux faits de détail, on devra conclure encore :

1° Que si, sur 99 millions d'importations, les États-Unis ne paient que 9,000,000 de droits, tandis que sur 25,000,000 d'importations, la Guadeloupe paie 12,484,402, il vaudrait mieux conserver les relations avec la Guadeloupe que celles avec les États-Unis;

2° Que si, sur 95,000,000 l'Angleterre ne paie que 8,000,000 de droits, tandis que sur 17,000,000 la Martinique paie 9,578,545, il vaudrait mieux conserver des relations avec la Martinique qu'avec l'Angleterre: ainsi de suite des deux autres colonies françaises.

Enfin, une dernière observation que pourra faire

2

naître le petit tableau qui nous occupe, c'est qu'il prouve que le droit sur le *produit français* des Colonies, est de plus de 56 pour cent, lorsque ce droit n'atteint jamais 10 pour cent des *produits étrangers ;* quoique, parfois et même souvent, ceux-ci fassent concurrence aux produits similaires de la métropole.

Que penser maintenant de la singulière protection que nous *octroie* la mère-patrie?—Que dire des lumières, de la véracité, de la probité politique, du patriotisme de ceux qui ne répugnent point à soutenir, *même à la tribune,* que les Colonies sont inutiles à la France; qu'elles lui coûtent 17,000,000 par an ? — Que répondre à ces clameurs qui, transformant en outrage un acte de devoir national, nous reprochent avec amertume et dédain, les quelques cent mille francs qui nous furent donnés, après une catastrophe dont la vibration dure encore, lorsque depuis des siècles, depuis quinze ans surtout, nous versons *plus que la moitié du fruit de nos labeurs dans les caisses de l'État?*.....

VII

« L'importation des bestiaux s'est élevée en 1839, en
« France, à **9,000,000** de francs. Elle a excédé de 10

« et 18 pour cent, la valeur des importations de 1838

« et de la moyenne quinquennale *. »

Des renseignements positifs portent cette importation à 15,000,000 en 1840 et la font présumer de 15 à 16 en 1841.

Ce n'est plus un mal accidentel, il est chronique, avec progression annuelle et rapide. Est-il le résultat du morcellement des propriétés, ou de l'accroissement de la betterave? — Telle est la question qui se présente sur ce point d'économie administrative et politique. De bons esprits assurent que si le morcellement est pour quelque chose dans les causes qui font naître la question, les envahissements de la betterave y sont pour presque tout.

S'il en est ainsi, la betterave dans peu devra rendre à la France, d'un côté, l'impôt sur les sucres coloniaux, ci 30,000,000

Et de l'autre, l'argent que la France donne annuellement à l'étranger pour ses bestiaux, environ 20,000,000

Total. 50,000,000

Par quoi et comment remplacera-t-elle ce déficit? — Par quoi et comment indemnisera-t-elle les intéressés

<hr>

* *Résumé analytique*, page 14.

à la grande pêche qui perdront avec les Colonies les
trois cinquièmes de leurs débouchés? l'industrie pari-
sienne qui perdra le tiers des siens? l'industrie manu-
facturière qui perdra, en moyenne, la moitié de ceux
qui lui sont jusqu'ici parfaitement assurés?—Par quoi
et comment la betterave récompensera-t-elle les départements de l'Ouest et du Midi, de la privation de leurs
exportations en fruits, en farine de froment, en eaux-
de-vie, en huile et en vin?

Il faudra bien enfin compter avec ces faits et se demander, si 80 départements de la France continentale,
et toute la France insulaire, doivent être sacrifiés à 4 ou
5 départements du Nord, dont les intérêts égoïstes assurent le triomphe de la politique anglaise?

VIII

Passant des aperçus généraux à l'observation de
quelques spécialités, le tableau qui va suivre, en indiquant l'issue de certaines exportations françaises, révé-
lera peut-être aux intéressés des faits dont il n'ont pas
encore soupçonné l'existence.

TABLEAU

COMPARATIF DES EXPORTATIONS MÉTROPOLITAINES

et des consommations coloniales.

ESPÈCES de PRODUITS.	EXPORTATIONS.			VALEURS et quantités consommées par LES COLONIES françaises.	PROPORTIONS.	OBSERVATIONS.
	QUANTITÉS.	UNITÉS.	VALEURS.			
ules et mulets.	5,176	têtes.	» »	3,900	4/5	Ceci est indépendant de la consommation de l'Espagne.
iande salée.	4,000,000	kilog.	» »	2,500,000	5/8	
xtraits de viande.	105,522	id.	» »	74,404	3/4	
raisses, saindoux, etc.	854,600	id.	» »	268,000	1/3	
eurre salé.	1,541,090	id.	» »	1,089,198	2/3	
arine de froment.	24,000,000	id.	» »	8,400,000	1/3	
Dito de seigle.	45,000	id.	» »	15,000	1/3	La Guadeloupe seule.
aïs.	2,000,000	litre.	» »	1,250,000	5/5	
ommes de terre.	6,000,000	kilog.	» »	1,680,275	1/4	
rains perlés ou mondés.	24,876	id.	» »	10,591	10/24	
uile d'olives.	3,000,000	id.	» »	1,058,442	1/3	
ois en éclisses.	» »	francs.	58,048	56,428	28/29	
euillards.	3,600,000	pièce.	» »	3,279,033	8/9	
égumes salés.	50,000	kilog.	» »	18,866	1/3	
ignons.	120,000	id.	» »	42,000	4/5	
ierres à chaux.	3,000,000	id.	» »	1,333,979	4/9	
haux éteinte.	914,000	id.	» »	857,470	17/18	
uiles.	10,000,000	pièce.	» »	3,883,846	14/38	La Guadeloupe seule.
onte.	59,000	kilog.	» »	15,047	1/3	
inc laminé.	200,000	id.	» »	63,306	1/3	
el marin.	112,800,000	id.	» »	52,377,566	1/2	
oir animal.	500,000	id.	» »	247,152	1/2	
ouleurs liquides.	132,000	id.	» »	36,717	1/4	
édicaments alcooliques.	53,000	id.	» »	11,000	1/3	
ire ouvrée.	75,080	id.	» »	22,582	1/3	
handelles.	1,000,000	id.	» »	630,424	5/5	
idre et poiré.	1,300,000	litre.	» »	1,253,419	12/15	
ière.	612,000	id.	» »	467,599	17/25	
aux-de-vie diverses.	297,317	id.	» »	157,356	6/14	
aux minérales.	144,000	kilog.	» »	37,577	1/4	
oterie.	1,900,000	id.	» »	425,107	1/4	
aïence.	600,000	id.	» »	194,225	1/5	
il à voile.	10,000	id.	» »	3,070	1/3	
oile écrue unie.	577,000	id.	» »	216,317	1/2	
Dito teinte.	157,465	id.	» »	60,717	1/3	
Dito imprimée.	7,830	id.	» »	2,164	1/3	
Dito percales, calicots, etc.	2,500,000	id	» »	540,585	1/4	
inge de table.	2,512	id.	» »	1,125	1/2	
onneterie, mèches tissées.	28,000	id.	» »	12,528	1/2	
eaux ouvrées.	400,000	id.	» »	122,072	6/20	
ordage.	800,000	id.	» »	585,135	9/19	
nstruments aratoires.	53,000	id.	» »	11,000	1/3	
uvrages en fer.	1,700,000	id.	» »	564,871	1/3	Industrie parisienne.
Dito en fer-blanc.	40,000	id.	» »	10,452	1/4	Industrie parisienne.
Dito en plomb.	36,000	id.	» »	14,000	1/3	Industrie parisienne.
ijouterie d'or.	1,095,974	gramme.	» »	510,825	1/2	Industrie parisienne.
rmes de chasse.	409,000	kilog.	» »	41,000	1/3	Industrie parisienne.
oitures.	» »	francs.	500,000	89,0 0	13/48	Industrie parisienne.
utailles vides.	» »	id.	2,000,000	1,400,570	3/4	
Habillements neufs.	170,000	kilog.	» »	44,800	1/4	Industrie parisienne.

Il faut remarquer que ce tableau ne s'applique qu'aux produits dont le quart, au moins, se consomme par les Colonies Françaises.

On a jugé inutile pour le moment de s'occuper de ceux qui n'y ont qu'un cinquième ou un sixième de débouchés, quoique cette catégorie comprenne toutes les industries métropolitaines, sans exception.

On n'a pas parlé des produits de la grande pêche, parce que tout le monde sait où s'en trouvent les consommateurs *.

Enfin, il n'a été rien dit des vins, parce qu'il n'est pas permis d'ignorer qu'avant 1826, les Colonies Françaises en recevaient 18,000,000 de litres et aujourd'hui encore, elles en consomment 10,494,652 litres annuellement.

Il n'est pas tout-à-fait impossible que le tableau qui précède, fasse faire quelques réflexions aux diverses industries de la capitale; aux manufactures de toile de la Flandre, de la Bretagne et de la Normandie; à celles de toiles peintes de Colmar, de Mulhouse et de Beauvais; à celles de faïence de Montereau, de Toul, de Creil, de Nevers et de Bordeaux; aux poteries de Sarreguemines et de Neillonas; enfin, aux habitants de l'Auvergne et du Poitou qui vendent, et ils ne savent pas

---

* La Guadeloupe et la Martinique seules en consomment 5,000,000 de demi-kilogrammes.

où elles vont ! ces cargaisons de mules et de mulets qui nous arrivent par Nantes et par Cherbourg.

Il ne saurait être non plus hors de toutes prévisions que les intéressés à toutes ces exportations, se demandent un jour, comment ils envoient des députés à la chambre pour voter avec les producteurs de sucre de betteraves et les abolitionistes ! — Comment ils n'ont pas encore compris que ce qui peut servir les calculs d'une trentaine d'ambitieux, leur fait perdre un quart déjà certain de leurs débouchés et l'espoir d'en obtenir le double par une extension du système de colonisation !

IX

Les exportations, les importations, le commerce général, le commerce spécial, celui de terre, celui de mer, en un mot le mouvement commercial entier de la France, s'élève, nous le répétons, à 1,950,355,514.

Les droits perçus sur cette somme s'élèvent à. . . . . 105,954,834.

Dans lesquels il ne faut pas se lasser de le redire, les Colonies Françaises figurent pour. 50,561,992.

C'est-à-dire pour près du tiers du total.

Ainsi,

Quatre petites colonies, qui ne sont plus que l'ombre d'elles-mêmes, qui subissent, depuis quinze ans, une oppression et une persécution dont l'histoire n'offrirait d'exemple qu'en remontant aux premiers siècles de l'ère moderne;

Quatre colonies pour lesquelles tout ce qui constitue l'existence physique et morale des sociétés humaines, est réduit à l'état de problème, et dans lesquelles une perturbation *législativement organisée*, détruit le respect des propriétés et la sécurité des personnes;

Quatre colonies, habitées par 50,000 âmes, de race française, dépouillées despotiquement de tous les droits attachés à leur nationalité, et pour qui le présent est un supplice, l'avenir un désespoir;

Versent au trésor national le TIERS du produit d'un mouvement commercial qui a pour théâtre le monde entier, et pour agents, 33,000,000 d'hommes dont les propriétés sont garanties et les personnes protégées par des lois auxquelles elles ont concouru, soit par elles-mêmes, soit par leurs légitimes représentants!

Que serait-ce donc si ces quatre colonies étaient encore régies par les principes qui ont présidé à leur fondation et dans les conditions fondamentales de leur constitution du 28 septembre 1791!

Cette question entre dans le domaine des hypothèses, et puisque nous y sommes, nous pouvons, pour peu d'instants, nous y donner carrière :

Supposons donc que la France eut conservé ce que, l'Angleterre aidant, elle a perdu par sa faute; supposons qu'elle eut encore Saint-Domingue, l'Ile-de-France, Sainte-Lucie, Tabago, les comptoirs indiens, et calculons, du connu à l'inconnu, proportionnellement aux bases antérieures à 89. Nous trouverons le mouvement commercial augmenté de 297,000,000, les droits perçus de 80,000,000; de sorte que le mouvement commercial serait aujourd'hui de 2,247,505,214 francs et les droits perçus de 185,954,854.

Ce résultat de quatre ou cinq colonies de plus, en améliorant en France les conditions de tous les genres d'industrie et de production, en augmentant le nombre des navires, de leur tonnage et de leurs matelots; en fournissant une issue au trop plein de la population, allégerait la propriété foncière, dont l'utilité, pour le trésor, devient de plus en plus problématique, et donnerait à la tranquillité intérieure, si constamment menacée, la plus solide de toutes les garanties.

Ceci n'est point une idée hasardée; écoutons ce qu'en dit M. le marquis d'Audiffret, pair de France :

« La charge de 450 millions des impôts directs de « toute nature, celle de 100 millions pour la rédaction « et l'expédition des actes authentiques, celle des inté- « rêts et frais hypothécaires montant à 500 millions, « prélèvent chaque année près de 1,100 millions, sur

« un revenu territorial, qui n'est estimé par l'adminis-
« tration de l'enregistrement que 1,580,597,000. Il
« reste donc à peine, en définitive, aux propriétaires
« fonciers, le tiers des produits de leurs capitaux *. »

Or, ce tiers est entamé tous les jours par les non-
valeurs et les frais de perception causés par le morcellement.

« Déjà LA MOITIÉ des cotes foncières est descendue au-
« dessous de cinq francs et il en est un grand nombre
« d'*un, deux, trois et quatre centimes* dont le produit
« est inférieur aux cinq centimes que coûte l'avertisse-
« ment donné à chaque contribuable **. »

La conséquence inévitable d'un tel état de choses sera
donc un dégrèvement de *fait*, qui reportera sur celles
des propriétés qui resteront entières, et aussi long-
temps qu'elles resteront entières, tout le poids de l'impôt foncier, dont il faudra toujours maintenir le produit au même chiffre, sous peine d'aligner le budget
en déficit.

Si l'on donne à cette vérité l'attention qu'elle mérite,
on comprendra de quelle utilité, pour la propriété ter-
ritoriale, seraient les 80 millions et au-delà, *qu'un bon
système colonial* ferait trouver en plus dans le produit
des douanes.

* *Examen des revenus publics*, page 22.
** *Examen des revenus publics*, page 18, aux notes.

Passant au point de vue de la tranquillité intérieure du royaume, *ce bon système colonial,* en fesant une place plus, large, une part plus grande à chaque prolétaire ; en lui montrant l'exiguité des revenus fonciers, en regard des immenses bénéfices de l'industrie et de la navigation, détruira chez lui ce préjugé funeste, qui lui fait toujours voir dans la propriété foncière un privilège préjudiciable à l'aisance de tous; et, s'il se forme encore des sociétés populaires, elles ne produiront plus des documents semblables à ceux que le procès-Darmès a fait mettre au jour.

A l'occasion de ces documents, il nous est permis de faire remarquer la parfaite identité des doctrines communistes sur la propriété continentale avec les doctrines abolitionistes sur la propriété coloniale : ce sont les mêmes idées, conçues de la même manière, placées dans le même ordre, exprimées dans les mêmes termes.

Cette seule circonstance aurait dû faire naître quelque honte chez les ennemis des colonies; mais ceux qui ne répugnent point à se traîner à la suite des Grégoire et des Robespierre, ne peuvent plus se faire aucun scrupule de se trouver sur le même terrain et au même niveau que les communistes. Ils défendent leurs propriétés contre les communistes avec les arguments des colons, en même temps qu'ils attaquent les colons avec les arguments des communistes.

Par là ils justifient, une fois encore, cet aphorisme connu : « Le prétendu règne de la liberté n'est le plus « souvent qu'une misérable farce jouée par d'avides, « d'ambitieux charlatans, quand elle ne l'est pas par « des bourreaux, »

X

On dira, peut-être, que tous les avantages *a'un bon système colonial* pourront se trouver réunis en Algérie.

Erreur :

Nous ne doutons pas plus de la possibilité de faire de l'Algérie une province française, que nous n'avons douté de la possibilité de sa conquête.

Nous hâtons de tous nos vœux l'époque où l'on pourra y retrouver Paris, comme on y retrouvait Rome au temps de Tibère ; mais encore faudra-t-il quatre choses indispensables :

1° Le temps ;

2° Une volonté décidée, ferme et constante de la France, ce qui n'est pas le plus facile ;

3° Une conviction profonde, inaltérable que, non-seulement l'assimilation n'est pas la colonisation, mais, qu'au contraire, l'assimilation est l'obstacle le plus invincible à toute colonisation *utile*, *paisible* et *heureuse* ;

4° Et, enfin, que la terre ne tremble pas aussi violemment que l'a désiré certain député, dont le vœu *humain*, *moral*, *national* et *civilisateur* vient de recevoir une récompense *gouvernementale*.

En attendant que ces conditions s'accomplissent, enregistrons les renseignements suivants :

En 1859, les importations de l'Algérie en France, ont été de 2,772,891

Les importations de la France en Algérie, ont été de 25,895,584

Le mouvement commercial a donc été de 28,665,275

Et les droits perçus de 196,418

Il en résulte 1° que l'Algérie dépense douze fois plus qu'elle ne produit ; 2° qu'elle ne rend au trésor que par cent mille ce qu'elle lui coûte par millions.

Or, il faut en convenir, ces deux circonstances n'ont jamais été des gages de prospérité prochaine.

Toutefois, supposons le contraire de ce qui existe ; supposons l'Algérie déjà devenue la Mauritanie française et déjà divisée en cinquante ou soixante beaux départements. Eh bien ! alors plus que jamais et sous tous les rapports, la France aura besoin d'un plus vaste système colonial transatlantique.

Sous le rapport commercial, quelles seront les productions de la Mauritanie ? Du blé, des légumes secs, des fruits, de l'huile d'olive, du vin, d'assez mauvais chevaux, quoiqu'on en dise, du fer, du plomb et quelques autres richesses métalliques, objets pour lesquels il faudra que la France trouve un débouché, afin de n'en être pas encombrée elle-même. Ses bénéfices seront dans le frêt et dans les résultats du transit ; c'est toujours un avantage de haute importance.

Du reste, on obtiendra peut-être au milieu du *Tell* des cotons et de l'indigo ; mais c'est inutilement, et très inutilement, qu'on aura fait pousser des cannes dans le jardin d'acclimatation d'Alger. *Jamais l'Algérie ne produira du sucre de cannes, pour être mis en circulation dans le commerce*, et c'est bien à tort que les fabricants de sucre indigène, qui sont en même temps abolitionistes, la confondent dans leur haine passionnée contre tout ce qui est colonie.

Sous le rapport militaire et dans le cas d'une guerre maritime, l'Algérie sera sans doute d'une grande utilité ; mais c'est en revenant aux mœurs des indigènes, à leurs habitudes et en couvrant la mer de ses corsaires.

Son littoral n'offre nulle part un port qui puisse servir de base à une opération navale un peu importante.

D'ailleurs, sa proximité des côtes de France la rend beaucoup moins propre que la baie du Fort-Royal, ou la rade des Saintes, à ces combinaisons de réunion et de ralliement auxquelles, en 1805, il n'a manqué qu'un homme d'exécution pour que Napoléon, maître assez long-temps de la Manche, n'envahît le territoire de nos ennemis et ne déployât ses aigles victorieuses au sein même de leur capitale.

Il serait à regretter qu'on se méprît sur l'intention des réflexions qui précèdent; elles ne sont pas du dénigrement. Loin de là, tous les colons sont convaincus que la possession définitive de la Mauritanie sera une nécessité de plus pour la France de conserver ses colonies intertropicales. Ceux qui ont foi dans la persévérance qu'on pourra mettre à consolider cette glorieuse et précieuse conquête, voient dans sa colonisation et dans sa civilisation très paisibles, l'ouverture d'un marché où l'excédant de la consommation de sucre de la France trouvera un débouché satisfaisant.

XI

Dans la quarante-et-unième année du 19me siècle et en présence de l'Angleterre, telle que les cinquante années de la Révolution française et les erreurs où les craintes du continent l'on faite, on ne doit plus avoir besoin de prouver aux hommes intelligents et de bonne foi:

1° Que le commerce maritime est l'élément le plus sûr, le plus fécond et le plus énergique de la prospérité et de la puissance des États ;

2° Qu'un peuple sans marine militaire, solidement constituée, joue dans le collége des nations le même rôle qu'aurait pu jouer jadis un homme incomplet, un athlète sans bras ou sans jambes, dans l'arène des jeux olympiques ;

3° Que les États sans colonies ne sauraient jamais avoir de commerce maritime qui leur soit propre et matériellement profitable * ;

* L'exemple des États-Unis, loin d'infirmer cette assertion, lui confère une incontestable autorité. Les grandes et les petites Antilles sont, sous un si grand nombre de rapports, dans une dépendance tellement absolue de l'Union américaine, qu'on doit les considérer toutes comme ses colonies. Elle a eu, et elle a de fait, à leur moyen, un commerce maritime propre et exclusif qui a fondé et maintient sa puissance navale.

— 29 —

4° Que sans colonies et sans commerce maritime national, il ne saurait y avoir de marine marchande;

5° Et enfin que sans marine marchande il faut dé-
sespérer, à tout jamais, d'obtenir une marine militaire
propre à soutenir un long et vigoureux conflit.

Ceci posé, si toutes les notes qui précèdent parais-
sent avoir le mérite de l'exactitude, de la bonne foi et
du patriotisme, celui sous les yeux de qui elles pourront tomber demandera sans doute comment il se fait
que des industriels et des députés d'industriels, des cultivateurs et des députés de cultivateurs, des propriétaires et des députés de propriétaires, des officiers supé-
rieurs de la marine, des pairs de France, des ministres
enfin, s'acharnent avec passion à la destruction des
quatre malheureuses et dernières colonies qui restent
à la France?

La réponse est faite :

L'Angleterre le veut. *Si veut l'Angleterre, si doit
vouloir le monde entier.* C'est le *Diex li volt* du temps
des croisades.

Et l'on déclame en France contre les folies de Phi-
lippe-Auguste et Louis IX !

Serait-il donc vrai, comme quelques-uns l'affirment,
que depuis le jour où des mains françaises allumèrent
le bûcher de Rouen pour l'héroïne de Reims et d'Or-
léans, jusqu'aujourd'hui, la France a été peu ou beau-

coup, mais toujours dominée dans ses propres conseils par l'ascendant de sa rivale?

Serait-il donc encore vrai, comme l'histoire semble l'attester, que des deux seuls souverains français qui aient voulu secouer le joug de cette humiliante domination, l'un ait porté sa tête sur un échafaud, et l'autre ait vu sur le rocher de Sainte-Hélène, renouveler pour lui le supplice de Prométhée?

Dans tous les cas, les résultats de cet ascendant sont bien funestes, et, il faut le dire, bien honteux. Les voici sous un premier point de vue, celui de l'intérêt financier.

En 1838, sur un territoire Européen d'environ 50,000 lieues carrées de superficie, et avec une population de 26 millions d'âmes, l'Angleterre offrait un revenu foncier qui dépassait....   4,000,000,000

En 1839, sur un territoire Européen d'environ 40,000 lieues carrées de surface et avec une population de 55 millions d'âmes, la France n'avait qu'un revenu foncier de.   1,580,597,000

En 1838, l'Angleterre avait une exportation générale de.   2,602,000,000

Une importation de. . . .   1,495,000,000

Et conséquemment un mouvement commercial de.   4,097,000,000

En 1859, la France n'avait qu'une exportation
de.   1,005,000,000
Une importation de. . . .   947,000,000

Et un mouvement commercial
de   1,950,000,000

En 1858, l'Angleterre, en déduisant de ses exportations qui étaient de   2,602,000,000
Ses importations, de . . .   1,495,000,000

Obtenait une balance commerciale de.   1,107,000,000

En 1859, la France, en déduisant de ses exportations
de.   1,005,000,000
Ses importations de. . .   947,000,000

n'avait qu'une balance commerciale de   56,000,000

1,107,000,000 la Grande-Bretagne!!
    56,000,000 la France!!

Ces chiffres font mal, ils blessent profondément.
Leur incroyable différence renferme une accusation
grave, ou dénonce l'existence d'une vie morbide, dont
l'étiologie ne doit pas toujours être un mystère.

L'accusation frappe-t-elle le caractère national? — Nous ne le pensons pas. Les Français ont été commerçants et navigateurs quand Colbert a jugé à propos qu'ils le fussent; ils ont été d'excellents marins, et ils ont fait flotter glorieusement et victorieusement leur pavillon sur toutes les mers quand Louis XIV et Louis XVI l'ont voulu; sur un signal qu'ils ont sollicité, qu'ils ont impatiemment attendu et qui n'a pas été donné, ils auraient, à Beyrouth et devant Alexandrie, lavé les affronts d'Aboukir et de Trafalgar. . . . .

. . . .

Si l'accusation n'atteint pas la nation, il faut donc qu'elle retombe de tout son poids sur ces prétendus économistes qui la régentent, et pour qui la perfection, le sublime de la science gouvernementale sont renfermés dans les formes d'une charrue nouvelle, dans les meilleurs procédés pour faire le premier jet du sucre raffiné avec le jus de betterave, et dans l'adresse à bâter des vaches, ou à faire rentrer le plus grand nombre possible de bottes de foin dans une grange !

Quant au vice producteur de la différence qui existe entre les balances commerciales de la France et de l'Angleterre, il est impossible de ne pas le voir dans la disproportion des systèmes coloniaux des deux pays, c

dans les conséquences forcées de cette disproportion.

Au point de vue des intérêts politiques, le tableau
des résultats de l'influence anglaise est encore plus som-
bre et plus affligeant, en ce qu'il touche à l'honneur
national.

La France venge-t-elle une injure, il faut pour plaire
à l'Angleterre que cette vengeance soit stérile. L'Angleterre nous contestera le droit de garder et d'utiliser une
conquête obligée ; elle en fera le prétexte réservé d'une
agression future, dont l'opportunité seule fera le droit et
sera en même temps la justification. En attendant elle
désolera la patience des colons, en faisant répandre par
ses émissaires, le bruit que l'émancipation des Colonies
Françaises est la condition *sine quâ non* de son con-
sentement à ce que la France s'établisse définitivement
en Algérie.

La France veut-elle placer un hôpital sur un rocher,
au milieu de la Méditerranée ? elle en est expulsée ;
pourquoi ? parce que l'Angleterre l'a exigé.

La France veut-elle établir des relations avec les
peuples barbares de la Polynésie ? aussitôt l'Angleterre intervient, pose d'abord son *veto* négatif, et en-
suite s'empare de ce qu'elle avait jusque-là dédaigné.

Ces faits, ces actes ne surprennent point ceux qui se

rappellent les scènes qui, dès les premiers temps de la colonisation des Antilles, précédèrent la perte de Saint-Christophe; celles qui préparèrent l'envahissement du Canada, de l'Acadie et des possessions des Indes Orientales; l'assassinat de Dumonville, le bâillon de Lally* et la capitulation du camp Saint-Jean à la Guadeloupe.

Ce qui étonne, ce qui confond, ce qui épouvante, c'est qu'en présence du souvenir des faits anciens et de l'actualité des faits nouveaux, l'Angleterre soit encore parvenue à infecter la France de deux maladies graves à la fois.

En effet, le désir fiévreux de l'imiter dans ses prétendues expériences humanitaires, n'est pas la seule affection funeste qu'elle ait su inoculer à la France.

Ce mal, en laissant la face du malade tournée vers la mer, cessait, par cela seul, d'être incurable.

La France pouvait à chaque instant se désabuser, voir ses pertes, ses dangers, et consacrer à se donner

---

* Le baron de Grimm explique comment et pourquoi le malheureux comte de Lally-Tollendal fut sacrifié aux exigences de l'Angleterre ; mais comme un mot, même en marchant au supplice, eût pu dévoiler la trame dont il était victime, il fut traîné bâillonné à l'échafaud ! — On voit que de tous temps les Anglais n'aiment pas *que ceux qu'on leur dévoue puissent parler.* C'est, sans doute, pourquoi les colons français sont aujourd'hui dépouillés du droit d'employer leur propre argent à se défendre par la presse et à éclairer leurs frères d'outre-mer.

une puissance navale formidable, les ressources de son immense budget.

Il a donc fallu lui créer des fantômes vers le Rhin, afin d'attirer là tous ses regards, toute son attention et tout l'emploi de ses trésors.

Les souvenirs de deux invasions ont été exploités, et l'on est parvenu à ne lui faire voir d'ennemis que là où il n'y en eut et où il n'y en aura jamais d'autres, que ceux qui furent ou qui seront stipendiés par la Grande-Bretagne.

On conçoit qu'aux temps de la République la crainte de la propagande ait armé les puissances continentales contre la France. Elles redoutaient beaucoup plus le danger actuel du renversement de toutes leurs institutions, que l'inconvénient éloigné de voir la suprématie maritime passer définitivement à l'Angleterre ;

On conçoit encore qu'aux temps de l'Empire, le continent ait cru devoir tout sacrifier pour recouvrer son indépendance et les portions conquises de son territoire ;

On conçoit enfin qu'à ces deux époques, les subsides anglais aient puissamment ajouté aux motifs de ces guerres renouvelées tous les ans et qu'on eut l'adresse de mettre sur le compte de l'ambition, prétendue insatiable, de l'Empereur.

Mais aujourd'hui que les révolutions successives du

Brésil et de toutes les provinces de l'Amérique méridionale , celles d'Espagne et de Portugal, celle qui a menacé et qui menace encore la Sicile, ont montré que le foyer le plus ardent , le plus actif des subversions sociales n'était pas à Paris ; aujourd'hui que le *Continental use* (*argent* à employer sur le continent) n'est plus un article de budget qui puisse passer en présence du déficit avoué par la Grande-Bretagne , la France n'a qu'à repousser franchement toute idée de propagande, pour n'avoir plus un seul ennemi sur le Rhin.

C'est donc avec douleur que l'on doit voir les esprits les plus sérieux de la métropole s'occuper sans cesse, pour elle , des frontières de l'Allemagne , *lorsque le mal qui la ronge est sur l'Océan.*

Pendant que le gouvernement britannique se montre si inquiet, si jaloux des moindres pas que la France voudrait faire hors de son territoire continental, pendant qu'il fait jouer tant de ressorts pour la paralyser et la rendre en quelque sorte prisonnière chez elle-même , qu'a-t-il fait ?

Sans avoir d'injure à venger il s'est emparé de Socotora , d'Aden et de la Syrie ; sous prétexte que refuser de s'empoisonner avec de l'opium anglais c'est offenser l'Angleterre, il s'est emparé de Chusan , de Macao et va tout à l'heure se rendre maître de Canton , sans qu'il ait daigné dire, et sans que personne ose lui demander, ce qu'il daignera faire de ses conquêtes.

Tant que la Grande-Bretagne n'avait pas encore jugé à propos de renoncer aux avantages commerciaux de ses possessions occidentales, il ne lui fallait que quelques étapes sur la longue route de l'Inde : Sainte-Hélène, le Cap, l'île de France, lui suffisaient. Mais dès que le moment marqué, pour tirer de l'Inde seule tous les éléments de son monopole, a été arrivé, elle a rapproché, en un tour de main, toutes les distances et consolidé toutes les communications. Gibraltar, Malte, la Syrie ou l'Égypte, Aden, Socotora, Ceylan, sont déjà, en attendant que Chypre et Candie leur soient ajoutées, les stations qui coupent, à des distances presque égales, et garantissent la route de Londres à Calcutta ; route raccourcie des trois cinquièmes et qui permettant, à vingt lieues d'interruption près, l'usage des bâtiments à vapeur, diminue des deux tiers au moins la durée du trajet.

Quand on pense que c'est là le fruit des combinaisons profondes, suivies sous toutes les formes, avec une infatigable activité, une inébranlable persévérance, pendant plus d'un demi-siècle, par une association d'hommes qui, sous un titre commercial, sont déjà parvenus à posséder un empire presque aussi riche, beaucoup plus étendu et plus peuplé que celui dont ils sont les sujets, on peut maudire, on peut exécrer, mais on doit admirer l'*East-India-Company*, la Compagnie des Indes-Orientales.

XII

Des notes fournies dans le but d'appeler l'attention sur les résultats du commerce maritime et d'un système colonial suffisamment développé et consolidé, ne devraient pas être dépourvues de quelques considérations sur tout ce que la marine renferme de forces agressives et défensives et sur la prééminence de la puissance navale sur la puissance continentale; mais, quelque restreintes que fussent ces considérations, elles nous conduiraient trop loin. Il nous faut renfermer notre idée dans le souvenir d'un seul fait.

Jetons un coup-d'œil rétrospectif sur la France de 1808. Elle dominait des bords du Tage aux rives du Niémen, des bouches du Cataro aux frontières du Jutland. Rien ne lui avait jusqu'alors résisté et rien ne paraissait pouvoir lui résister désormais sur le territoire européen.

Tout à coup la politique anglaise pénètre dans la Péninsule, arme le fils contre le père, rend nécessaires, de la part de la France, des mesures qui préviennent le danger de voir de nouveau s'élever la barrière des Pyrénées. L'armée impériale déborde sur l'Espagne, s'empare en un clin-d'œil de tout le territoire, moins un seul point. Là le colosse est arrêté court; devant quoi?..... Devant quelques vaisseaux anglais mouillés dans la baie de Cadix!

Cette ville devient le centre d'action d'une junte insurrectionnelle qui prépara pour l'armée française, avec les trahisons, les lâchetés et les hontes de Baylen, la perte du prestige de son dévouement, de son patriotisme et de son invincibilité.

On a longuement et diversement raisonné sur les causes de la chute du pouvoir impérial ; elles étaient toutes dans les murs de Cadix. C'est le point d'où la réaction la plus énergique est partie pour tout renverser. C'est le point près duquel la puissance continentale la plus formidable est venue se briser contre une faible portion d'une puissance navale.

Qu'on veuille bien supposer qu'au moment où les têtes de colonnes de l'armée d'Andalousie paraissaient au port Sainte-Marie, il y eût eu une escadre française en vue, prête à chasser du mouillage la flotte britannique, et qu'on ose soutenir que nous serions aujourd'hui ce que nous sommes !

Puisse cette grande leçon, rapprochée de ce qui se

passe maintenant sous les murs de Canton, revenir souvent à la pensée de ce qu'il y a encore d'hommes d'état en France, et faire suspendre, pour quelque temps encore si ce n'est pour toujours, l'arrêt qui leur est demandé contre les colonies françaises, et qui aura, s'il est jamais rendu, le double caractère du suicide et du fratricide.

Prêcheur, Martinique, juin 1841.

Saint-Pierre, impr. E. Dupré.

SCEAUX. — IMPRIMERIE DE E. DÉPÉE.